AF331211

DÉPARTEMENT
DE LA LOIRE INFÉRIEURE.

LES MEMBRES PROVISOIRES

Du Comité Révolutionnaire-Républicain du District
de Paimbœuf,

A LEURS COMPATRIOTES.

L'HONNEUR est tout.... C'est la passion des belles ames;
c'est la jouissance de l'homme libre et vertueux; c'est plus
que jamais le besoin et le patrimoine du Français élevé à
la dignité républicaine, et vraiment digne d'un nom trop
long-temps dégradé, aujourd'hui si glorieux.

Il n'y a que le lâche assassin, le vil déprédateur, le monstre avide de sang et de rapine, qui, incapable d'une émo-
tion douce, d'un mouvement généreux, soit inaccessible à

ce noble sentiment ; qui peut se suffire à lui-même , et que rien ne peut remplacer.

Et ce sont ces êtres que la nature désavoue, que la patrie repousse avec horreur ; ce sont ces êtres avec lesquels on voudroit nous associer !

Dans la feuille du Moniteur , n.º 65 , pag. 277 , on trouve l'assertion de l'infame Carrier , qu'au Château-d'eau , où étoit en garnison la Légion de Nantes , des Brigands ont été précipités dans la Loire ; *que le Comité Révolutionnaire de Paimbœuf est accusé d'avoir ordonné de pareilles exécutions , et que les pieces sont sous les yeux de la Convention Nationale.*

Dans la même feuille , n.º 100, pag. 414, à l'énoncé du jugement rendu contre Carrier et autres, on lit , à l'article de Foucaud , qu'il a donné des ordres à des Militaires pour assister à une noyade faite à *Paimbœuf*; et à l'article de Macé , qu'il a exécuté des ordres arbitraires , en faisant une noyade à *Paimbœuf.*

C'est sans doute , dans ces deux articles , une méprise de nom ; les papiers publics ayant annoncé dans le temps que la noyade dont il est question , s'est faite du côté de *Bourgneuf*, district de Machecoul , et non à *Paimbœuf.*

Mais ce fut une calomnie atroce de supposer que le Comité Révolutionnaire de Paimbœuf eût ordonné de pareilles exécutions ; que les pieces fussent sous les yeux de la Convention Nationale. Le tigre qui employa envain toutes les manœuvres du crime pour se soustraire à la peine de ses innombrables forfaits , conserva jusqu'à la fin une telle fureur d'assassinat, que ne pouvant plus assassiner au physique, il vouloit encore assassiner au moral.

Nous ne pumes souffrir ni l'erreur ni la calomnie sur un sujet si grave : nous pouvions d'autant moins les dédaigner, que l'affreuse conduite d'un trop grand nombre d'anciens Comités Révolutionnaires ne poussoit que trop à l'injustice d'envelopper tous les autres dans l'opprobre dont ceux-là s'étoient couverts.

Nous écrivimes au Rédacteur du Moniteur, pour démentir les suppositions relatives à Paimbœuf.

Nous écrivimes à la Convention Nationale, au Comité de Salut Public, au Comité de Sureté Générale, aux Représentants du Peuple à Nantes, pour le même objet, et avec priere de nommer des commissaires pour en vérifier la fausseté.

Nous avons aussi réclamé auprès de la Municipalité et de l'Administration du District de Paimbœuf, qui ont attesté la vérité, que jamais il n'y a eu de noyade à Paimbœuf; que les rebelles pris les armes à la main, à l'attaque de Paimbœuf, et dans les sorties faites depuis, ont été jugés par des Commissions Militaires; que jamais le Comité Révolutionnaire de Paimbœuf n'a donné d'ordres arbitraires, n'a imposé de taxe révolutionnaire, n'a commis de dilapidation; qu'il s'est toujours conduit d'une maniere irréprochable.

Enfin, nous donnons un défi solemnel et général de prouver qu'il y ait eu aucune noyade à Paimbœuf, ni que son Comité Révolutionnaire se soit porté à aucun acte vexatoire.

Paimbœuf qui, le 12 Mars 1793, vieux style, assailli par des milliers de rebelles, dénué de tout moyen de défense, privé même d'une partie de sa Garde Nationale occupée dans d'autres communes à comprimer la rebellion, eut par son dévouement et son intrépidité le bonheur de repousser l'ennemi et de sauver un port si important ; Paimbœuf a

4

également eu celui de n'être souillé ni des atrocités qui ont désolé tant d'autres cités, ni même de la présence du monstre qui, trop près de nous, vomit à longues journées la terreur, le ravage et la mort. Les habitants de Paimbœuf savent combattre avec courage, ils ne savent ni noyer ni égorger.

Nous eussions pu nous contenter du juste témoignage que nous rendent tous ceux qui nous connoissent; nous eussions pu nous borner à nos différentes démarches pour attirer sur nous le plus sévere examen : mais le poison a circulé dans toute la France, et nous sommes loin encore de ces beaux jours où l'on croira plus difficilement le mal que le bien : nous voulons que notre justification soit aussi éclatante que la calomnie dirigée contre nous.

Notre but est de conserver l'estime publique, et de la recouvrer, si l'imposture nous l'avoit ravie : ce n'est pas assez pour nous de la mériter, nous voulons en jouir.

Vive la République une et indivisible !
Vive la Convention Nationale !

Signé LAGARDE, BUREAU, LEON, ROYNE aîné, ERNOULT, BARDET, GAUTRET, J. RONDINEAU.

ÉPARTEMENT

de la

oire inférieure.

———

3.ᵉ RÉGION.

LIBERTÉ, EGALITÉ, JUSTICE.

LES MEMBRES PROVISOIRES

Du Comité Révolutionnaire du district de Paimbœuf,

A LA CONVENTION NATIONALE.

Législateurs,

Nous sommes opprimés, réclamons votre justice, sommes surs de l'obtenir, elle est à l'ordre du jour ; vous ne souffrirez pas que des Républicains calomniés d'une maniere la plus diffamante, restent plus long-temps sous la terrible opinion du soupçon ; nous vous soumettons notre conduite avec confiance, afin que l'imposture soit détruite.

Appellés depuis le 10 Nivôse de l'an second Républicain à remplir nos fonctions de Membres du Comité, ne nous sommes jamais écartés des principes, n'avons eu d'autre boussole que les Décrets de la Convention Nationale.

Tous les prévenus de brigandage et autres contre-révolutionnaires qui nous ont été conduits par la force armée, après leurs interrogatoires les avons envoyés au Tribunal Révolutionnaire à Nantes, pour y être jugés, ou à des Commissions Militaires, d'après des ordres des Représentants du Peuple en mission à Nantes, Bo et Bourbotte ; nous sommes exactement conformés à l'exécution de la Loi du 21 Messidor dernier, concernant la mise en liberté provisoire des

B

détenus comme suspects ; ceux qui restent détenus sont traités avec humanité dans les maisons d'arrêt ; n'avons jamais ordonné d'arrestation arbitraire ; n'avons jamais perçu , depuis notre installation jusqu'à ce jour, aucunes taxes révolutionnaires , contribution , ni autre , sous quelle dénomination que ce puisse être ; avons toujours fixé notre surveillance sur les contre-révolutionnaires , les gens suspects , les malveillants , les intrigants , les dilapidateurs , ces sangsues de la fortune publique ; n'avons jamais donné d'ordres barbares pour exécutions de noyades , fusillades , etc. et qu'il n'est pas à notre connoissance qu'il y en ait jamais eu dans cette Commune : enfin , notre serment de ne reconnoître pour point de ralliement que la Convention Nationale , qu'un cri de joie *vive la République! vive la Convention!*

Tels sont nos actes de foi.... Législateurs , voilà notre conduite , jugez de nos principes !

Cependant des imposteurs nous prêtent des actes d'horreur , que l'humanité et la justice reprouvent : que ne peut pas le crime !...

Carrier a dit au Tribunal Révolutionnaire de Paris , feuille du Moniteur , n.° 65 , pag. 277 : » Il y a plus , c'est qu'à » Château-d'eau , où étoit en garnison la Légion de Nantes , » des brigands ont été précipités dans la Loire , et que le » Comité Révolutionnaire de Paimbœuf est accusé d'avoir » ordonné de pareilles exécutions ; je ne l'ai su que par les » pieces qui sont actuellement sous les yeux de la Conven» tion ». Cette inculpation faite au Comité par Carrier ou le Rédacteur du Moniteur , étant de toute fausseté , nous lui donnons un démenti formel.

Le n.° 100 du même journal , pag. 414 , l'erreur ou la perfidie continue encore à persuader qu'il a été fait des noyades à Paimbœuf, ce qui n'a jamais été ; on lit à l'article de Foucaud, qu'il a donné des ordres à des Militaires pour assister à une noyade faite à Paimbœuf ; et à l'article de Macé, qu'il a exécuté des ordres arbitraires en faisant une noyade à Paimbœuf ; ces deux citations sont encore de toute fausseté ; les papiers nouvelles nous ont appris dans le temps que cette noyade avoit été faite du côté de *Bourgneuf*, district de Machecoul, et non à *Paimbœuf*.

Avons écrit aux Représentants du peuple, membres du comité de Sureté Générale, et aux Représentants du peuple en mission à Nantes, pour les inviter à envoyer des commissaires pour vérifier notre conduite et se convaincre si jamais nous avons mérité cette atroce calomnie, et si des républicains qui n'ont cessé un instant de respecter vos décrets, qui ont toujours juré haine implacable aux tyrans et traîtres de toutes les factions de la horde scélérate des Robespierristes, doivent être prévenus du plus léger soupçon.

Legislateurs, nous vous invitons d'ordonner que le comité révolutionnaire de Paimbœuf soit réintégré dans l'estime publique qu'il n'a jamais perdue de ses concitoyens de cette Commune ; que la calomnie qui lui est faite par Carrier ou le rédacteur du Moniteur, et par suite de toute dilapidation etc. etc. soit détruite ; desirons mourir sans ignominie, comme nous avons vécu sans reproches.

Vive la République une et indivisible !
Vive la Convention Nationale !

Pour copie conforme, LAGARDE, GAUTRET, BUREAU, BARDET, LÉON, J. RONDINEAU, ERNOULT.

COMITÉ
de
Correspondance.

SECTION
des
Dépêches.

Paris , le 25 Nivôse, troisieme année Républicaine.

Liberté , Egalité , Fraternité ou la Mort.

CONVENTION NATIONALE.

LES REPRÉSENTANTS DU PEUPLE,

Composant le Comité des Pétitions, Correspondances
et Dépêches ,

Aux Citoyens Membres du Comité Révolutionnaire
à Paimbœuf.

IL nous est parvenu, citoyen, l'adresse que vous avez envoyée
à la Convention nationale , datée du 8 Nivôse, par laquelle
vous l'invitez à vous réintégrer dans l'opinion publique , et
à détruire la calomnie qui vous à été faite par Carrier ,
ou le rédacteur du Moniteur, etc. etc.

Le renvoi en a été fait aujourd'hui au comité de Sureté
Générale.

Salut et Fraternité.

Signé FAURE (Haute Loire).

Pour copie conforme , LAGARDE, GAUTRET, BUREAU ,
BARDET, LEON, ERNOULT, J. RONDINEAU.

EXTRAIT

Du Registre des Déliberations du Conseil Général de la Commune de Paimbœuf.

Du 12 Pluviôse, l'an troisieme de la République.

Séance publique et permanente du Conseil Général de la Commune, où présidoit Lehuédé, Maire; assistants Petiot, Maurice, Dousset, Dieu, Officiers Municipaux, et autres Notables, soussignés.

Présent Hardy, Agent National.

Le Conseil général a été informé par la lettre du Comité révolutionnaire du district de Paimbœuf, datée du 11 de ce mois, que quelques scélérats d'accord avec le crime, ont osé annoncer que cette Cité avoit été un théatre d'assassinats et de noyades, et on a donné pour preuve de cet horrible mensonge la déposition faite par l'infame et barbare Carrier, insérée à la page 277 du n°. 65 du Moniteur; le n°. 100, page 414 du même Journal, rappelle encore cette calomnie, dont l'impression devient très-défavorable à cette Cité dans l'esprit de ceux qui n'en connoissent pas assez les habitants pour leur rendre la justice qui leur est due.

Le comité révolutionnaire annonce qu'il a écrit à la Convention nationale, au comité de Sureté Générale, et aux Représentants du peuple à Nantes, pour les assurer de la fausseté des faits avancés contre cette ville; et le comité

des pétitions, correspondance, et depêches de la Convention
nationale, a annoncé la réception de la lettre, et son renvoi
au comité de Sureté Générale; dans ce cas, et dans une
circonstance aussi intéressante à toute cette Cité, le comité
révolutionnaire invite la Municipalité à concourir avec lui
à détruire l'impudent mensonge de Carrier, son insertion au
Moniteur, et le cruel désagrément qui en résulteroit.

En conséquence, le conseil général, ouï l'agent national;

Considérant que la vérité, la plus pure vérité est 1°. que
jamais, graces à l'Eternel, le barbare Carrier n'a souillé cette
ville de sa présence, qui sans doute y auroit occasionné
les actes d'inhumanité qu'il a exercés à Nantes et ailleurs.

2°. Que jamais il n'y a eu de noyades en cette ville,
dont les habitants ont vu avec horreur entraîner par le cours
des eaux les victimes des ordres sanguinaires de ce féroce.

3°. Que le comité révolutionnaire ne donna jamais d'ordre
arbitraire, ne perçut aucune taxe révolutionnaire, et ne
commit aucune dilapidation.

4°. Que les brigands pris les armes à la main, à l'attaque
de Paimbœuf et dans les sorties faites depuis, ont été jugés
par des commissions militaires, et punis d'après les disposi-
tions des loix qui dirigerent leur jugement.

Arrête que copie double de la présente délibération sera
envoyée au comité révolutionnaire pour l'adresser au comité
de sureté générale, au soutien de l'assurance qu'il a donnée
de l'irréprochable conduite qu'il a tenue depuis sa constitution,
et pour achever de dissiper le nuage affreux dont on vouloit
couvrir une ville dont les habitants surent vaincre les

ennemis, et laisser aux loix à punir ceux qui se sont exposés à leur juste sévérité.

Signé au Registre LE HUEDE, Maire; PETIOT, MAU-RICE, DIEU, BECHEREL, VILAYÉ, et autres Officiers Municipaux et notables soussignés.

Pour copie conforme R. LEHUÉDE, Maire; MAILLARD, Secrétaire Greffier.

Vérifié et approuvé par les Administrateurs soussignés, en Administration. Paimbœuf, le 15 Pluviôse, l'an 3 de la République, ZIMMERMANN, W. CABALL, LEMERCIER, BREZOL, Secrétaire.

A NANTES, de l'Imprimerie de BRUN aîné, Imprimeur-Libraire, place de l'Egalité.

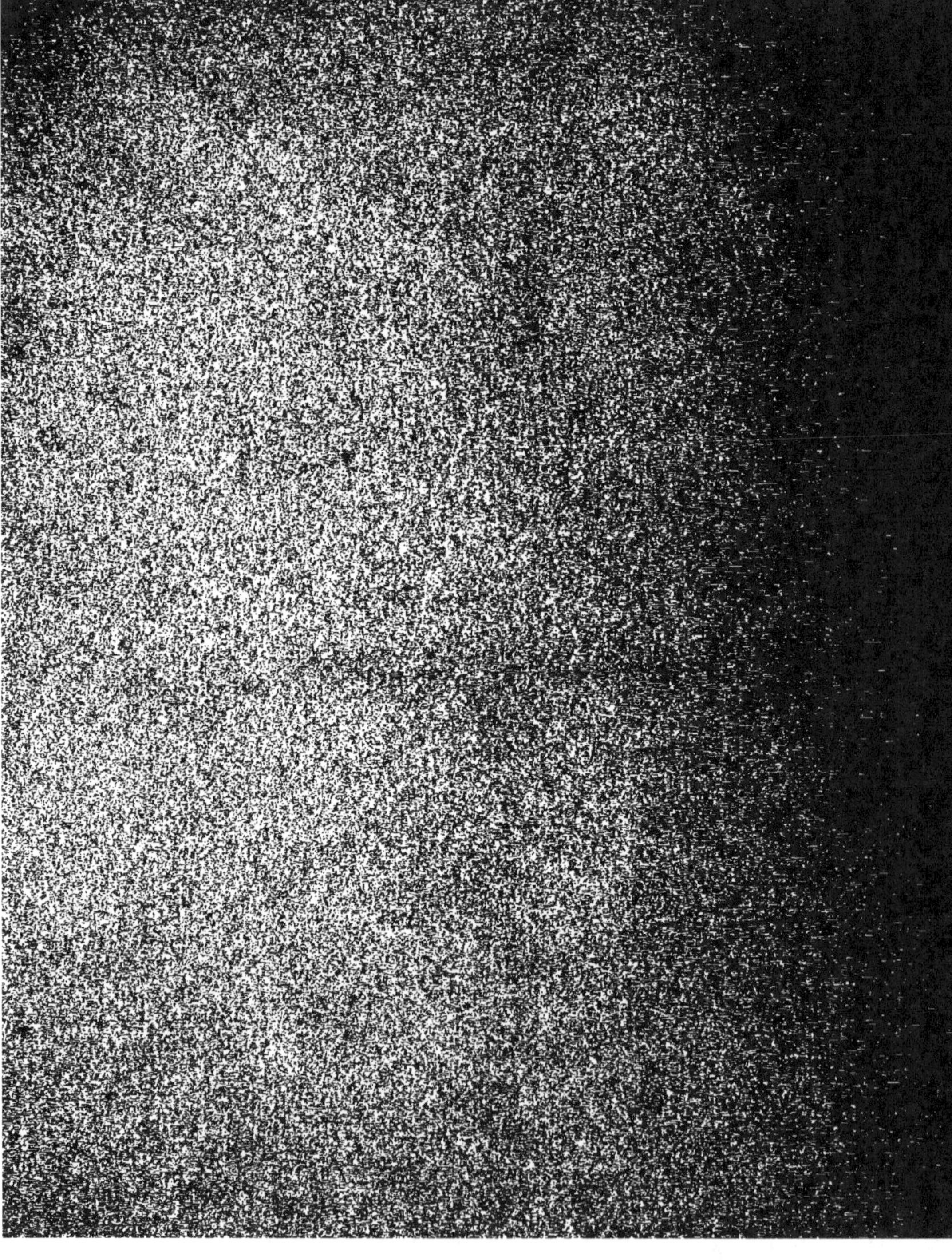